Mathias Hänzi

# Digitale Kompression und ihre Wirkung auf das durchlaufende Signal ohne Überschreitung des Tresh - Holds

GRIN Verlag

**Bibliografische Information der Deutschen Nationalbibliothek:**

Die Deutsche Bibliothek verzeichnet diese Publikation in der Deutschen National-bibliografie; detaillierte bibliografische Daten sind im Internet über http://dnb.d-nb.de/ abrufbar.

**Impressum:**

Copyright © 2012 GRIN Verlag GmbH
Druck und Bindung: Books on Demand GmbH, Norderstedt Germany
ISBN: 978-3-656-37673-6

**GRIN - Your knowledge has value**

Der GRIN Verlag publiziert seit 1998 wissenschaftliche Arbeiten von Studenten, Hochschullehrern und anderen Akademikern als eBook und gedrucktes Buch. Die Verlagswebsite www.grin.com ist die ideale Plattform zur Veröffentlichung von Hausarbeiten, Abschlussarbeiten, wissenschaftlichen Aufsätzen, Dissertationen und Fachbüchern.

**Besuchen Sie uns im Internet:**

http://www.grin.com/

http://www.facebook.com/grincom

http://www.twitter.com/grin_com

# DIPLOMARBEIT


**Mathias Hänzi**

ADEF 911


Digitale Kompression und ihre Wirkung auf das durchlaufende
Signal ohne Überschreitung des Thresh - Holds


SAE Institute Zürich

**Mathias Hänzi**

Digitale Kompression und ihre Wirkung auf das durchlaufende Signal ohne Überschreitung des
Thresh - Holds

Diplomarbeit eingereicht im Rahmen der Abschlussprüfung

des *Audio Engineer Degree Programm* am SAE Institute Zürich

Abgegeben am 11. August 2012

**Mathias Hänzi**

Kurscode: ADEF 911

**Thema der Diplomarbeit**

Digitale Kompression und ihre Wirkung auf das durchlaufende Signal ohne Überschreitung des Thresh - Holds

**Stichworte**

Digitale Kompression, ohne Überschreitung, Thresh – Hold

**Kurzzusammenfassung**

Was geschieht mit einem Signal, wenn ich im Insert des Kanals einen Plug - In – Kompressor benutze, dessen Thresh - Hold jedoch nie überschritten wird?

Dies wird in dieser Arbeit gemessen, überprüft und ausgewertet.

# Inhaltsverzeichnis

# Digitale Kompression und ihre Wirkung auf das durchlaufende Signal ohne Überschreitung des Thresh - Holds

## 1. Kapitel    Zielsetzung der Arbeit

Mein Interesse in dieser Arbeit lässt sich in einer einzigen Frage formulieren:

Was geschieht mit einem Signal, wenn ich im Insert des Kanals einen Plug - In – Kompressor benutze, dessen Thresh - Hold jedoch nie überschritten wird?

Kompressoren, welche zwar aktiv sind, jedoch nicht arbeiten, sollten das durchlaufende digitale Audiosignal nicht verändern. Die IT – Welt vertritt jedoch den Standpunkt, dass mit dem Signal etwas geschehen muss, da die Daten das Gerät durchlaufen und dabei ihr binärer Code verändert wird.
Meine Abschlussarbeit soll mögliche Veränderungen im Audiosignal darlegen um ihren Einfluss auf einen ganzen Song besser abschätzen zu können oder um zu belegen, dass diese Umformungen vernachlässigbar oder inexistent sind. Die vorliegende Abhandlung will Klarheit über die Nutzung von Digital – Kompressoren verschaffen.

## 2. Kapitel    Auswahl der untersuchten Kompressoren

In dieser Arbeit werden folgende Kompressoren untersucht:

- Standard - Kompressor von den gängigsten DAW - Software:
-     Pro Tools 9 HD,
-     Logic Pro 9,
-     Cubase 6,
-     Ableton Live 8
- Professionelle Kompressoren von:
-     Waves CLA Classic Compressor 2A,
-     Waves CLA Classic Compressor 3A,
-     Waves CLA Classic Compressor 76,
-     Waves Hybrid Compressor H-Comp,
-     Waves Renaissance Compressor,
-     Sonnox Oxford Dynamics

Die obengenannten Kompressoren werden alle als professionell eingestuft. Sie werden  in den SAE - Studios in Zürich verwendet und sind durch den Supervisor bestätigt worden.

## 3. Kapitel     Das geeignete Signal

Ausgangspunkt für meine Untersuchung ist die Frage, welche Struktur ein geeignetes Testsignal aufweisen muss:

a) Das geeignete Testsignal muss alle Frequenzen mit konstanter Energie einzeln abtasten. Damit können etwaige Veränderungen im Amplituden- oder im Frequenzspektrum eindeutig sichtbar gemacht werden.
b) Ein Kompressor spricht hohe Peak – Werte an. Deshalb sollten auch Signale mit solchen Werten überprüft werden, um eine korrekte Aussage über das allgemeine Verhalten machen zu können.
c) Der Sinus – Sweep ist ein kontinuierliches Signal von 20 Hz bis 20 kHz. Da die Schwingungsweite in diesem Signal gleichmässig verteilt ist, werden allfällige Modifikationen der maximalen Amplitude im Vergleich zur Frequenz und im Vergleich zum Zeitverlauf deutlich erkennbar.

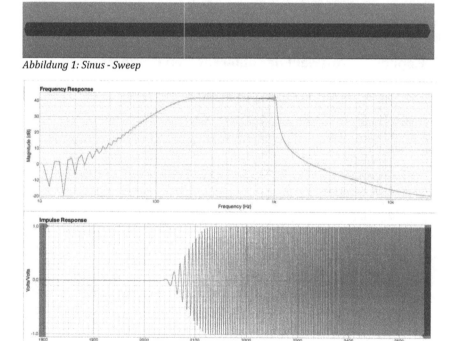

*Abbildung 1: Sinus - Sweep*

*Abbildung 2: Sinus – Sweep – Fuzz - Measure*

Mit dem Signal des Sweeps sind aber keine hohen Peak – Werte zu erwarten. Deshalb reicht dieses Signal nicht aus, um meine Analyse vollständig durchzuführen.

Um diesen Bereich zu testen, werde ich eine klare Bass - Drum verwenden. Die Bass – Drum kann nur über das Peak – Verhalten aussagekräftig verwendet werden, da sie weder über eine konstante Energie verfügt noch das ganze Frequenzspektrum abdeckt.

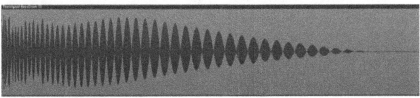

*Abbildung 3: Bass - Drum*

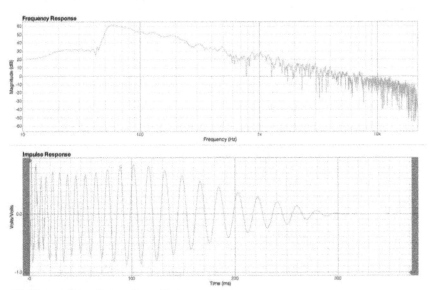

*Abbildung 4: Bass - Drum – Fuzz - Measure*

Weisses oder rosa Rauschen wurden ebenfalls in Betracht gezogen. Sie weisen keine der obengenannten Eigenschaften auf, daher können keine exakten Daten ausgewertet werden. Ich stufe diese Signale als ungeeignet ein.

## 4. Kapitel    Instrumente zur Untersuchung

Das Analysetool:

Die Messungen führe ich mit der Software: „Fuzz - Measure Pro 3" durch. Dieses Programm liefert die deutlichsten, genausten und am Besten auswertbaren Ergebnisse. Andere Programme, zum Beispiel Real Time Analyzer 1.2 oder Wavesurfer, sind meines Erachtens nicht präzise genug oder stellen nicht alle Parameter dar.

Im Programm werden folgende Parameter analysiert:
- Magnitude, entspricht maximaler Amplitude in dB Full Scale
- Frequenz in Hertz
- Volt / Amplitude RMS
- Zeit in Millisekunden

Diese Parameter werden benötigt um ein akustisches Signal zu definieren. Fuzz – Measure Pro 3 berechnet die Magnitude einerseits im ganzen Frequenzband von 20 Hz bis 20 kHz und andererseits die Amplitude im Zeitverlauf von 0 bis Unendlich in Millisekunden.

## 5. Kapitel    Das Messverfahren:

Die Testsignale werden in der Digital – Audio - Workstation einmal ohne Insert – Kompressor und einmal mit „Plug – In" aufgezeichnet. Auf „Bouncen" wird absichtlich verzichtet um die Fehlerquellen möglichst gering zu halten. Danach werden die gespeicherten Messdaten in der Analyse – Software Fuzz – Measure Pro 3 importiert, analysiert, miteinander verglichen und schliesslich ausgewertet.
Bevor dies geschehen konnte, musste geprüft werden, ob die Software einwandfrei funktioniert. Dies geschah mit Hilfe von einem Sinus - Sweep, welcher in allen DAW - Programmen aufgenommen und in die Software importiert wurde. Da das Signal immer gleich ausgewertet wurde, konnte die Funktionalität bewiesen werden.

## 6. Kapitel – Die Kompressor - Einstellungen

### 6.1 Pro Tools Standard Kompressor

Bei den Einstellungen bemerkte ich, dass die Attack- und Release - Zeit gar nicht auf Null gestellt werden können. Die geringsten Einstellungen sind 10 Mikrosekunden Attack - Zeit

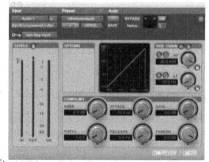

Abbildung 5: Pro Tools 9 HD Standard - Kompressor

und 5 Millisekunden Release – Zeit. Da das durchlaufende Signal den Thresh - Hold nicht überschreitet, sollte das keine Rolle spielen. Die restlichen Parameter wurden so eingestellt, dass sie das durchlaufende Signal nicht beeinträchtigen:

Die Ratio 1.0:1,
kein Knee,
keine Gain – Erhöhung,
der Tresh – Hold so hoch wie möglich,

damit die Testsignale den Kompressor ohne komprimiert zu werden durchlaufen können.

## 6.2 Logic Standard Kompressor

Die Kompressor - Einstellungen wurden folgendermassen festgelegt:
In Logic 9 Pro ist es möglich die Attack - Zeit auf 0 zu stellen.
Die Release - Zeit ist auf 5 Millisekunden beschränkt und kann nicht tiefer eingestellt werden.
Die Ratio auf den tiefst möglichen Wert von 1:1,
kein Knee,
0.0 dB Gain,
der Kompressor Thresh - Hold in RMS ebenfalls mit 0.0 dB,
Circuit - Type ist mit Platinum eingestellt,
Auto Gain OFF,
die Side Chain Detection auf Maximum.

*Abbildung 6*
*Logic Pro 9 – Standard - Kompressor*

## 6.3 Ableton - Standard – Kompressor

Der Kompressor in Ableton Live sieht nicht nur sonderbar aus, auch seine Funktionen sind nicht mit den anderen DAW – Kompressoren vergleichbar. Die Einstellungen weichen von allen anderen Kompressoren ab.
Neben den üblichen Parametern können noch Low Cutoff und Hi Cutoff eingestellt werden.
Attack- und Release - Zeit können nicht auf 0 gestellt werden, sie sind mit 0.01 Millisekunden Attack – Zeit und 8 Millisekunden Release – Zeit beschränkt.
Die kleinste Einstellung bei der Ratio ist 2:1, der Thresh – Hold kann gar nur auf -10 dB eingestellt werden. Dadurch wird die

*Abbildung 7: Ableton - Standard - Kompressor*

9

Auswertung der Ableton - Daten durch Fuzz - Measure Pro 3 erschwert. Mit den normalen Messdaten wird der Thresh - Hold überschritten. Um dieses Problem zu umgehen, müssen die Testsignale angepasst werden. Sie dürfen den Wert von -11 dB Full Scale nicht überschreiten, weil sonst das Ergebnis der Messung verfälscht werden könnte.

## 6.4 Cubase Standard – Kompressor

In Cubase ist der Standard – Kompressor ähnlich aufgebaut, wie in Pro Tools und Logic. Zusätzlich verfügt er über eine Hold – und eine Peak – RMS - Analysefunktion. Attack– und Release - Zeit können eingestellt werden.
Attack– und Release Zeit mit 0.5 Millisekunden.
Ratio wurde auf 1:1,
der Thresh - Hold auf 0 dB,
Make – Up ebenfalls 0,
Hard Knee.

*Abbildung 8: Cubase Standard - Kompressor*

## 6.5 Waves CLA Classic Compressors

Die Classic - Kompressoren von Waves erinnern mit ihrem Design an ältere Hardware – Kompressoren. Sie sind Emulationen. Bei den CLA 2A und 3A Kompressoren kann fast nichts separat eingestellt werden. Diese Zwei Kompressoren verfügen lediglich über einen Gain Input -, sowie ein Peak – Reduktion – Regler,
welche für meine Versuchsreihe beide auf 0 gestellt wurden. Zusätzlich kann die VU – Meteranzeige zwischen Input, Gain - Reduction und Output gewählt werden und das Plug - In kann entweder als Kompressor oder als Limiter verwendet werden. Der CLA 2A wurde auf dem legendären elektro-optischen Tube-Kompressor modelliert. Er übernimmt das glatte, frequenzabhängige Benehmen des Originals. Wie die Mitte - Klassiker der 60er Jahre klingt der CLA-2A am Besten auf Gitarren und Bass.

*Abbildung 9: Waves CLA-2A*

Der CLA-3A wird gestützt auf den Anfang der 70er Jahre . Diese Halbleitereinheit ist für seine einzigartige und hoch durchsichtige Kompressionskurve, sowie für feine harmonische

*Abbildung 10: Waves CLA-3A*

Verzerrungen bekannt.

Der Waves Classic Kompressor CLA-76 ist etwas anders aufgebaut als seine Vorgänger. Neben dem Input – Potty gibt es anstatt des Gain – Reduction einen Output – Regler.

Attack– und Release – Zeit können separat, bis zum tiefsten Wert 1 eingestellt werden. Die Ratio kann von All (1:1) bis 20:1 geschaltet werden.

Dazu gibt es noch die verschiedenen Modi: Analog (50Hz, 60 Hz und OFF) und die Revisionen Bluey und Blacky, die keinen Einfluss auf die Arbeitsweise des Kompressors haben, sondern nur optisch anders ausgestaltet sind.

*Abbildung 11: Waves CLA-76*

In meinem Versuch wurden In- und Output auf 0 dB, Attack– und Release Zeit auf 1, die Ratio mit ALL eingestellt.

Der CLA-76 begeistert durch zwei hoch-wünschenswerte Ansichten der berühmten Originale, die Mitte der 60er Jahre erschienen. Ein Linienniveau beschränkt den Verstärker. Beide Versionen des CLA-76 ("Schwarzer" und "Blauer") bieten den superschnellen Attack an, was zirka 50 Mikrosekunden entspricht. Der superschnelle Attack machte die Versionen des CLA-76 zu Original – Studio - Legenden.

## 6.6 Waves Hybrid – Compressor

Der Hybrid – Kompressor von Waves ist ein Kompressor, den es ausschliesslich als Plug - In gibt. Er verfügt über diverse Einstellungsmöglichkeiten, die in meiner Testreihe wie folgt eingestellt wurden:
Die Attack – Zeit beträgt 0.5 Millisekunden, die Release – Zeit ist mit 3 Millisekunden eingestellt,
Ratio ist 1:1,
der Thresh - Hold 0 dB,
Punch 0 dB,
Mix 100% Dry
Analog ist OFF geschaltet,
Limiter ist OFF geschaltet,
der Output ist 0 dB

*Abbildung 12: Waves Hybrid -Compressor*

Der Hybrid – Kompressor ist ein Typ neuer Dynamik-Verarbeiter, die die modellierten Eigenschaften von Transformatoren, Röhren und Transistoren verbinden, welche nur ein Plug - In zur Verfügung stellen kann. Das Ergebnis ist ein Kompressor mit Fähigkeiten, die Ingenieure ganz ausnutzen.

## 6.7 Waves Renaissance Compressor

Der Renaissance - Kompressor verfügt über alle
wichtigen Einstellungsmöglichkeiten.
Für die Messungen wurde er folgendermassen
eingestellt:
Attack - Zeit mit 0.5 Millisekunden,
Die Release - Zeit entspricht 5 Millisekunden,
Ratio wurde auf den tiefst möglichen Wert von
0.5:1 eingestellt,
Thresh – Hold und Gain auf 0 dB.
Der Renaissancekompressor liefert klassische,
warme Kompression und Expansion. Die
Technologien wurden von dem berühmten C1
parametrischen Kompander und dem legendären L1
Ultramaximizer verwendet.

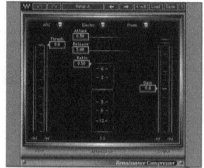

*Abbildung 13: Waves Renaissance -
Compressor*

## 6.8 Sonnox – Oxford - Dynamics

Sonnox verfügt über ein allgemeines Dynamik -
Tool, an dem die gewünschte Funktion ausgewählt
werden kann. In diesem Werkzeug stehen alle
wichtigen Dynamik - Bearbeitungsmöglichkeiten
wie Gate, Expander, Kompressor, Limiter, S-C EQ
und Warmth zur Verfügung.
Die Kompressor – Parameter sind:
Attack bei der geringsten Einstellung mit 0.52
Millisekunden,
Hold mit 0.010 Millisekunden,
Release mit 0.005 Millisekunden,
Ratio 1:1,
Threshold mit 0.0 dB,
Make – Up – Gain ebenfalls 0.0 dB,
Soft – Knee mit 0 dB.

*Abbildung 14: Sonnox – Oxford - Dynamics*

So werden die durchlaufenden Testsignale den Thresh - Hold nicht überschreiten.

Eigenschaften wie auswählbare Zeiten, unveränderliche Kurven und variable weiche
Kompressionsfunktionen erlauben dem Benutzer den ganzen allgemeinen Gebrauch der

Kompression. Er bietet die Möglichkeit von der feinen unauffälligen Niveau-Kontrolle bis zum künstlerischen Einsatz. Die Look – Ahead - Funktion bietet dynamische Genauigkeit, welche einer künstlerischen Fähigkeit entsprechen. Dieses hoch entwickelte und professionelle Produkt vereinigt in sich technische Raffinesse und die Flexibilität im Einsatz bei vielen unterschiedlichen Anwendungen.

# 7. Kapitel – Messungen und Analyse / Begründungen

Die ersten Messungen brachten erstaunliche Ergebnisse. Die meisten Standard Kompressoren bearbeiten die Testsignale, obwohl kein Thresh - Hold überschritten wurde und keine Anzeichen auszumachen waren.

## 7.1 Pro Tools Standard Kompressor

Messungen und Analyse:

Der Pro Tools Standard – Kompressor bearbeitet den Sinus - Sweep, in dem Obertöne hinzugefügt werden. Die erste Veränderung befindet sich bei ca. 20 Hz, danach wird bis etwa 1.2 kHz gar nichts mehr bearbeitet. Ab 1.2 kHz werden die Obertöne generiert, diese Veränderungen sind mit 0 bis 0.1 dB Zunahme zwar sehr schwach. Das Testsignal klingt nicht mehr gleich wie vorher. Da mehr Obertöne vorhanden sind, wird das Signal als „brillanter" empfunden. Normalerweise sollte das Signal durch das Einfügen des Inserts etwas verzögert werden, was bei Pro Tools Pro 9 HD mit der Delay - Kompensation verhindert wird.

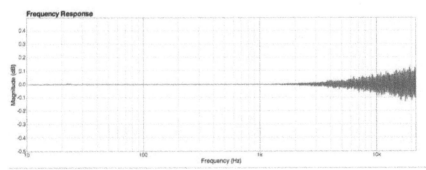

Abbildung 15: Differenz der Sinus - Sweep

Auch beim zweiten Testsignal, der Bass – Drum, wird das Signal bearbeitet, und zwar über das gesamte Frequenzband hinweg. Es werden von 3 bis 20 dB hinzugefügt, was sicherlich hörbar ist. Die grössten Veränderungen liegen zwischen 600 Hz bis 20 kHz. Es werden alle Obertöne hinzugefügt und das Signal wird stark bearbeitet. Auch hier verhindert die Delay - Kompensation eine zeitliche Verschiebung des Signals.

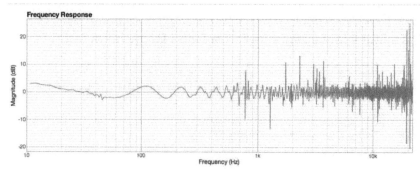

*Abbildung 16: Differenz Bass Drum*

Weiter wird die Bass - Drum in ihrem zeitlichen Ablauf verändert. Die Attack – Phase bleibt gleich. In Decay- und Sustain – Phasen werden die Amplituden unregelmässig angepasst. In der Release – Phase werden sie abgeschwächt.
Grün: Original Bass - Drum,
Rot: Bass Drum mit Kompressor.

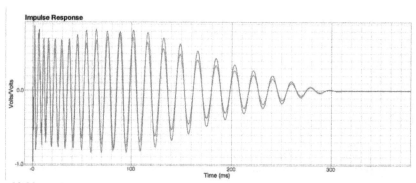

*Abbildung 17: Bass Drum im Zeitverlauf*

Begründung:

Mögliche Gründe für die Veränderungen im Signal könnten die Attack- und Release - Zeiten sein,

14

da sie nicht auf 0 Mikro– beziehungsweise Millisekunden eingestellt werden können. Über Veränderungen in der Binär – Struktur der Testsignale kann keine eindeutige und schlüssige Aussage gemacht werden, da die Strukturen sehr komplex sind.
Die Delay – Kompensation der Software verhindert eine zeitliche Verschiebung der Testsignale. Wird diese deaktiviert, verschiebt sich der Sinus – Sweep um einige Millisekunden. Das Plug - In verursacht Latenz. Bei der Bass - Drum kann dieses Verhalten jedoch nicht nachgewiesen werden.

## 7.2 Logic Pro 9 Standard – Kompressor

Messungen und Analyse:

In Logic beginnt die Arbeit des Kompressors bereits bei 10 Hz über das ganze Frequenzband hinweg. Der Sweep wird in allen Frequenzen strak bearbeitet. Die Veränderungen im Bereich bis 100 Hz bewegen sich zwischen von 5 bis 20 dB. Im Abschnitt innerhalb 100 Hz bis 1 kHz sind Abweichungen innerhalb von 10 bis 50 dB zu messen. Zwischen 1 kHz und 20 kHz werden ebenfalls starke Differenzen angezeigt. Diese bewegen sich im hörbaren Bereich.

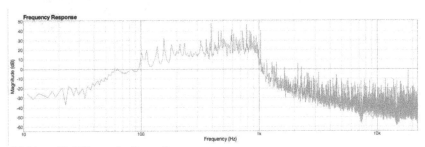

*Abbildung 18: Differenz der Sinus - Sweep*

Im Vergleich von Amplitude zur Zeit konnten keine Veränderungen sichtbar gemacht werden. Doch fällt es auf, dass das Signal, welches sich mit Insert – Kompressor (Rosa) durch die Zeit bewegt, über weniger RMS – Energie verfügt, obwohl im Test keine Gain – Reduktion stattgefunden hat.

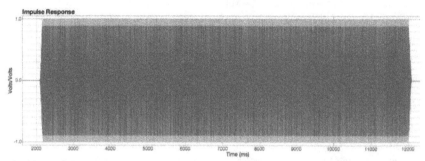

*Abbildung 19: Sinus - Sweep im Zeitverlauf*

Im zweiten Schritt werden die Bass - Drums miteinander verglichen. Hier sind die Differenzen zwischen den gemessenen Signalen nicht so stark. Die ersten hörbaren Veränderungen, finden ab zirka 750 Hz statt. Die Abweichungen unter diesem Schwellwert befinden sich zwischen 0 bis 2 dB. Der Transient im Bereich von 4 kHz zeigt starke Veränderungen von bis zu 10 dB. Die Analyse des Signals zeigt deutliche Obertonsignaturen. Je höher diese im Frequenzbereich stattfinden, desto grösser ist die veränderte Amplitude. Im oberen Frequenzbereich bewegen sich diese Veränderungen zwischen 2 und 20 dB.

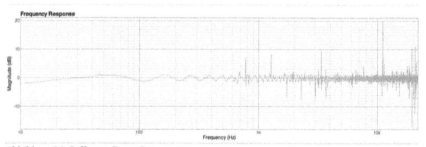

*Abbildung 20: Differenz Bass - Drum*

Die Bass - Drum wird im Zeitablauf nicht verändert, es finden lediglich Änderungen im Amplituden – Bereich statt. Die ersten Transienten werden nicht bearbeitet. Die Decay und Sustain – Amplituden werden verändert.
- Rot: Bass - Drum mit Kompressor
- Gelb: Bass - Drum ohne Kompressor.

16

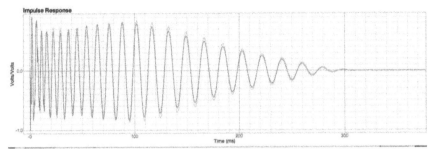

*Abbildung 21: Bass - Drum im Zeitverlauf*

Begründung:

Die starken Änderungen im Sinus – Sweep belegen, dass der Kompressor auch ohne Überschreitung des Thresh – Holdes eine gewisse Arbeit verrichtet. Die Signale werden hörbar bearbeitet, was Auswirkungen auf einen ganzen Song haben kann. Durch die hinzugefügten Obertöne wird das durchlaufende Signal als wärmer und brillanter empfunden. Das Signal wird zudem im Dynamik – Bereich bearbeitet und verliert im Amplituden – Wert etwas an Kraft. Es kann somit einwenig lauter gemacht werden.

## 7.3 Ableton – Live - Standard – Kompressor

Messungen und Analyse:

Die Messungen in Ableton - Live erwiesen sich als besonders schwierig. Viele Messungen waren notwendig um ein konkretes Überschreiten des Thresh – Holds auszuschliessen, damit die Messungen als repräsentativ betrachtet werden können. Ableton's Brooklyn - Kompressor arbeitet von 10 Hz bis 20 kHz. Die Unterschiede im Signal sind markant und sicherlich hörbar. Sie befinden sich zwischen 20- und 65 dB. Die grössten Unterschiede sind bei 100 Hz und 10 kHz ersichtlich. Bei den tiefen Frequenzen unter 100 Hz werden die Amplituden in einem Rahmen von 20 bis 40 dB abgeschwächt. In den höheren Frequenzen werden Obertöne hinzugefügt, was zu einer Veränderung im Klangbild führt.

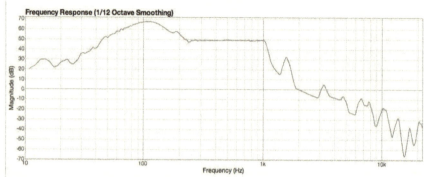

*Abbildung 22: Differenz der Sinus - Sweep*

Auch im zeitlichen Verlauf des getesteten Sinus - Sweeps geschehen Veränderungen. Die RMS – Leistung des Sweeps wird verändert. Die Änderungen erfolgen in unregelmässigen Zeitabständen und in nicht kontinuierlichen RMS – Werten. Die grössten Veränderungen finden bei zirka 200 Hz und 5 kHz statt, diese sind ebenfalls hörbar.

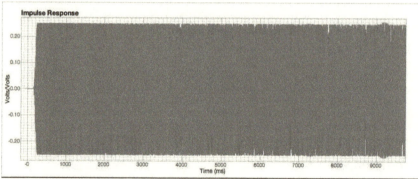

*Abbildung 23: Sinus - Sweep im Zeitverlauf*

Die Bass - Drum wird nicht so stark bearbeitet. Die Bearbeitung findet im Bereich unter 100 Hz statt. Die Bearbeitungen sind jedoch hörbar, da sie zwischen 2 und 6 dB stattfinden. Die Bass - Drum verfügt in diesem Bereich über die grösste Energie, was als Ursache für die Veränderungen betrachtet werden könnte. Durch mehrere Messungen mit verschiedenen Amplituden kann ein Überschreiten des Thresh – Holdes ausgeschlossen werden. Sie bewiesen, dass dieses Verhalten bei allen gemessenen Amplituden stattfindet. Alle Messungen ergaben das gleiche Resultat, respektive die gleiche Differenz.

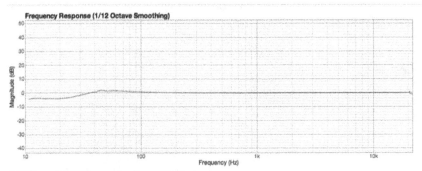

*Abbildung 24: Differenz der Bass - Drum*

Im Zeitverlauf des Bass - Drum – Signals wurden ebenfalls starke Abweichungen zum Original – Signal gemessen. Da diese nicht konstant sind kann es nicht am Insert des Plug - Ins liegen. Die Amplituden des Signals werden über den gesamten Zeitverlauf abgeschwächt, dies um 0.1 – 0.2 V. Ab der Sustain – Phase wird das Signal zeitlich verschoben.

Blau: Bass - Drum ohne Kompressor
Gelb: Bass - Drum mit Kompressor

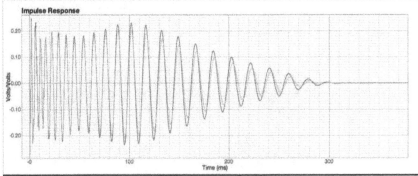

*Abbildung 25: Bass - Drum im Zeitverlauf*

Begründung:

Die grossen Unterschiede zwischen den einzelnen Signalen sind markant, da der Kompressor sehr schwierig einzustellen ist. Gründe für die starken Bearbeitungen sind sicherlich die oben genannten Einstellungen, die vorgenommen werden konnten. Da sich die maximale Einstellung des Thresh – Holdes bei –10 dB befindet, die Ratio mit einem minimalem Wert von 2 nicht den anderen Standard – Werten entspricht und die Release – Zeit mit 8 Millisekunden sehr lange ist, kann ein Signal den Kompressor nicht unbearbeitet durchlaufen.

19

## 7.4 Cubase Standard – Kompressor

Messungen und Analyse:

In Cubase geschieht mit dem Sinus - Sweep nichts. Er wird genau so ausgegeben, wie er beim Eingang ankommt.

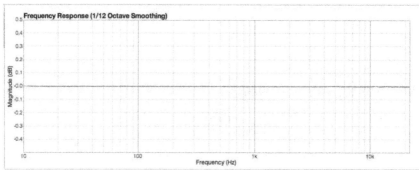

*Abbildung 26: Differenz Sinus - Sweep*

Im Zeitverlauf wird durch das Einfügen des Kompressors einige Millisekunden Latenz erzeugt, die nicht ausgeglichen wird. Ansonsten verändert sich das Signal nicht.
Rot ist das Singal ohne Insert – Plug - In sichtbar,
Gelb mit Insert – Kompressor.

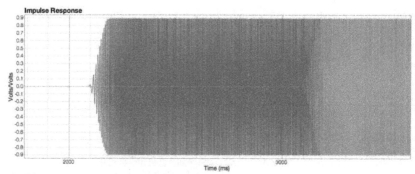

*Abbildung 27: Sinus - Sweep im Zeitverlauf*

Die Bass - Drum wird ebenfalls nicht bearbeitet. Hier ist weder im Frequenzband noch im Zeitverlauf eine Veränderung festzustellen.

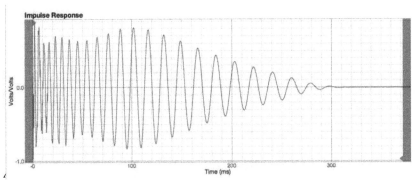

*Abbildung 28: Bass - Drum im Zeitverlauf*

Begründung:

Der Standard – Kompressor von Cubase arbeitet so, wie es zu erwarten war. In beiden Testsignalen kam es zu keiner Zeit zu unerwarteten Bearbeitungen. Dieser Kompressor ist ein gutes Beispiel dafür, dass die Theorie des nicht Überschreiten des Thresh – Holdes zu keiner Veränderung im Signal führt.

## 7.5 Waves Classic Compressor CLA-2A

Messungen und Analyse:

Der Classic Kompressor 2A von Waves bearbeitet den Sinus – Sweep, in dem er das Signal 50 bis 90 dB leiser macht. Da der Classic Kompressor CLA-2A eine Emulation eines älteren Hardware – Kompressors darstellt, war dies zu erwarten. Die Einstellungsmöglichkeiten sind stark begrenzt und die Auswertung war deshalb sehr schwierig. Am stärksten sind die Veränderungen zwischen 100 Hz und 1 kHz. Zwischen 2 kHz und 4 kHz sind die geringsten Abweichungen festzustellen und oberhalb von 4 kHz wieder eher grösser. Diese Veränderungen sind im Sinus – Sweep gut hörbar.

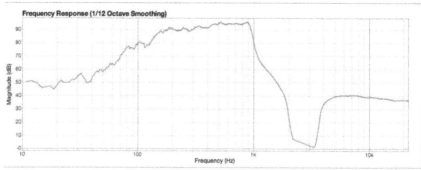

*Abbildung 30: Differenz der Sinus - Sweep*

Der Zeitverlauf des Signals wird ebenfalls beeinträchtigt. Mit Kompressor wird der Sweep bereits ab 0 Millisekunden bearbeitet. Die Amplitude ist sehr gering und zeigt kaum Maxima.

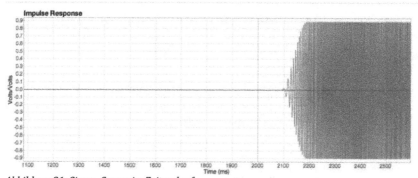

*Abbildung 31: Sinus - Sweep im Zeitverlauf*

Bei der Bass - Drum sind weitaus weniger Veränderungen festzustellen. Sie wird konstant um 50 dB abgesenkt. Ab 2 kHz wird das Signal ebenfalls konstant um 40 dB abgeschwächt, über 10 kHz beträgt die Reduktion noch zirka 25 dB.

22

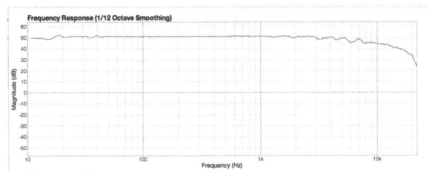

Abbildung 32: Differenz der Bass - Drum

Im Zeitverlauf der Bass - Drum geschieht nichts. Die Amplituden werden stark verringert.

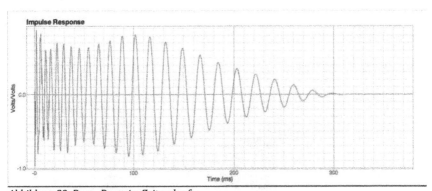

Abbildung 33: Bass - Drum im Zeitverlauf

Begründung:

Der Classic Compressor CLA 2A verfügt über sehr bescheidene Einstellungsmöglichkeiten. Da nur Gain und Peak – Reduktion eingestellt werden können, kann über Ratio, Attack- und Release - Zeit keine repräsentative Aussage gemacht werden.

## 7.6 Waves Classic Compressor CLA-3A

Messungen und Analyse:

Wie auch der CLA-2A Kompressor ist dies eine Emulation eines Klassikers. Die ersten

23

Messungen zeigten jedoch, das sich dieser Kompressor ganz anders verhält als sein Vorgänger. Der Sinus - Sweep wird über den ganzen Frequenzbereich stark bearbeitet. In der Region unter 100 Hz wird das Signal zwischen 40 und 70 dB leiser. Die grössten Unterschiede befinden sich innerhalb von 170 – 900 Hz, dort betragen diese 85 dB und sind beinahe konstant. Ab 1 kHz nimmt die Differenz wieder ab. Ab 10 kHz bewegen sie sich zwischen 20 und 0 dB.

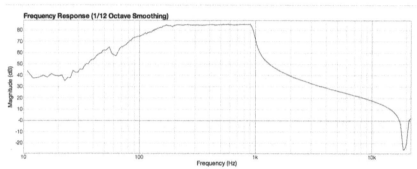

*Abbildung 34: Differenz der Sinus - Sweep*

Der Zeitverlauf des Signals ist identisch mit dem, des CLA-2A.

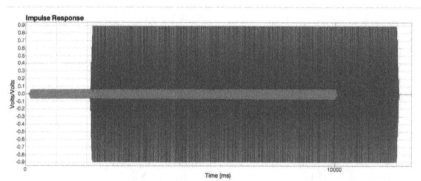

*Abbildung 35: Sinus - Sweep im Zeitverlauf*

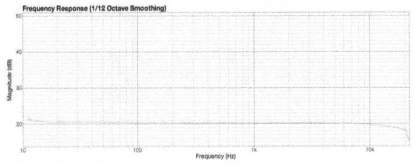

*Abbildung 36: Differenz der Bass - Drum*

Die Bass - Drum wird im Bereich von 10 Hz bis 10 kHz relativ konstant um 20 dB abgeschwächt. Ab 10 kHz nimmt die Abschwächung ab.
Im Zeitverlauf ist ersichtlich, dass sich die Amplitude des Signals verändert, aber nicht der zeitliche Ablauf.

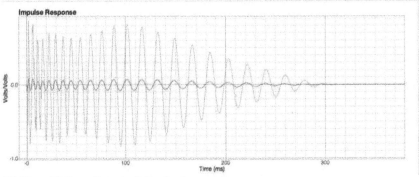

*Abbildung 37: Bass - Drum im Zeitverlauf*

Begründung:

Dieser Kompressor ist speziell auf einen bestimmtes Einsatzgebiet ausgerichtet, zum Beispiel: Bass, Gitarren und Vocals. Durch die minimalen Einstellungsmöglichkeiten ist er sehr stark begrenzt. Wie beim CLA-2A kann hier ebenfalls keine genaue Aussage über seine restlichen Einstellungen gemacht werden. So bleiben Ratio, Attac – und Release - Zeit ungenau und sind deshalb nicht zu verifizieren. Auch die Homepage des Herstellers liefert keine genaueren Angaben. Dieser Kompressor kann nicht als repräsentativ betrachtet werden.

25

## 7.7 Waves Classic Compressor CLA-76

Messungen und Analyse:

Der CLA-76 ist ebenfalls eine Emulation eines klassischen Hardware – Kompressors. Dieser Kompressor bearbeitet den Sinus - Sweep im ganzen Frequenzband. In der Region unterhalb von 100 Hz wird das Signal mit 10 bis 30 dB erhöht. In seinem Hauptarbeitsbereich, zwischen 100 Hz und 750 Hz, sind die geringsten Differenzen zu erkennen. Sie bewegen sich innerhalb von 0 bis 6 dB. Ab 750 Hz geschehen wunderliche Dinge: erst wird das Signal abgeschwächt, dann erhöht. Diese Veränderungen finden zwischen 12 und -35 dB statt und sind hörbar.

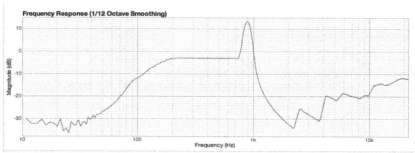

*Abbildung 38: Differenz Sinus - Sweep*

Auch im zeitlichen Ablauf des Sinus - Sweep finden Änderungen statt. Diese sind gleich wie bei den bisherigen Kompressoren von Waves.
Sie verschieben das Testsignal zum Beginn der Messung. Die Amplitude des Signals wird erhöht und die Peak – Spitzen getrimmt, obwohl keine Gain – Reduktion zu erkennen ist.
Blau: Original Sinus – Sweep
Gelb Sinus Sweep mit Insert Kompressor

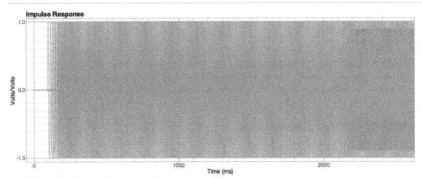

*Abbildung 39: Sinus - Sweep im Zeitverlauf*

Die Bass - Drum wird ebenfalls stark bearbeitet, sie wird im ganzen Frequenzbereich zwischen 5 und 30 dB erhöht.

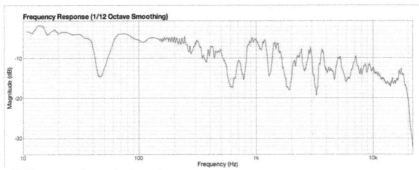

*Abbildung 40: Differenz der Bass - Drum*

Im zeitlichen Ablauf wird ersichtlich, dass die Peaks abgeschnitten werden, obwohl keine Gain – Reduktion ersichtlich war. Die Amplituden werden in Attack, Decay, Sustain und Release erhöht.

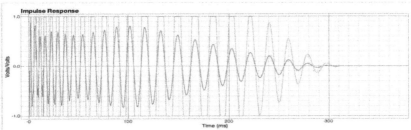

*Abbildung 41: Bass - Drum im Zeitverlauf*

27

Begründung:

Der CLA-76 Kompressor ist, wie die anderen Waves – Kompressoren, auf bestimmte Anwendungen ausgerichtet. Zu ihnen gehören zum Beispiel: Vocals, Bass und E-Gitarren. Da es sich um ein professionelles Produkt handelt und sich die Benutzer mehr Gedanken um die Nutzung dieses Kompressors machen werden, spielt dies jedoch keine Rolle.

## 7.8 Waves Hybrid - Compressor

Messungen und Analyse:

Der Hybrid - Kompressor von Waves bearbeitet den Sinus - Sweep in den unteren Frequenzen bis zirka 80 Hz im Bereich von 10 bis 30 dB, ab diesen 100 Hz bleibt die Bearbeitung bis etwa 950 Hz konstant bei 10 dB. Danach wird der Sweep nicht mehr so stark bearbeitet. Ab 1 kHz sind die Veränderungen zwischen -2 und 9 dB, was allerdings immer noch im hörbaren Bereich liegt.

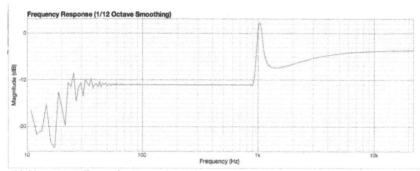

*Abbildung 42: Differenz der Sinus - Sweep*

Im Zeitverlauf ist zu erkennen, dass sich das Sinus – Signal früher aufbaut. Die maximalen Amplituden sind bereits wenige Millisekunden nach dem Start des Signals in voller Ausdehnung zu erkennen.

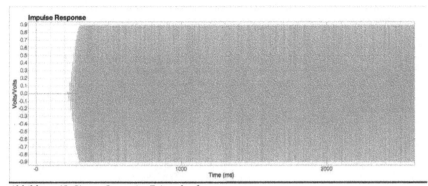

*Abbildung 43: Sinus - Sweep im Zeitverlauf*

Die Bass - Drum wird weder im Frequenzband noch im Zeitverlauf bearbeitet, was der Theorie der Arbeit entspricht. Einzig im Bereich über 15 kHz konnte eine geringe, nicht hörbare Abweichung gemessen werden.

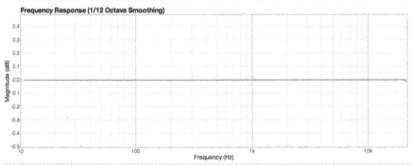

*Abbildung 44: Differenz der Bass - Drum*

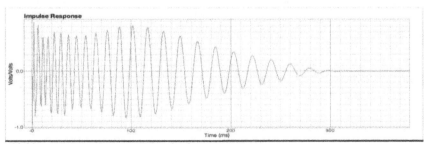

*Abbildung 45: Bass - Drum im Zeitverlauf*

29

Begründung:

Dieser Kompressor arbeitet bei der Bass Drum so wie es von ihm erwartet wurde, nämlich gar nicht. Beim Sinus Sweep sind die Veränderungen im Signal jedoch markant und sicherlich hörbar. Das ist auf die Attack– und Release - Zeiten zurückzuführen. Was genau die Dry– und Wet – Funktionen dieses Tools bewirken, ist nicht konkret zu beweisen.

## 7.9 Waves Renaissance Compressor

Messungen und Analyse:

Der R-Kompressor bearbeitet den Sinus - Sweep über das ganze Frequenzband hinweg. In der Region bis 80 Hz sind die Änderungen im Signal am Grössten. Dort wird das Signal zwischen 5 und 15 dB abgeschwächt. Ab 80 Hz bis zirka 900 Hz wird der Sinus - Sweep im nicht hörbaren Bereich von 1 dB verstärkt. Von etwa 900 Hz bis 20 kHz befindet sich die Verstärkung des Signals wieder im hörbaren Bereich und beträgt zwischen zwischen 4 und 12 dB.

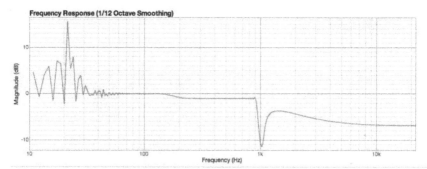

*Abbildung 46: Differenz der Sinus - Sweep*

Im Zeitverlauf gleicht die Messung den vorhergehenden Analysen von Waves – Kompressoren. Hier beginnen die Amplituden ebenfalls früher als beim unkomprimierten Original – Sinus – Sweep.

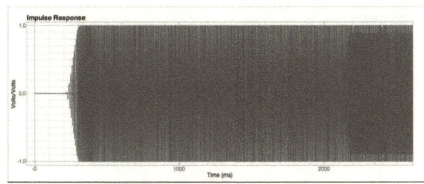

*Abbildung 47: Sinus - Sweep im Zeitverlauf*

Die Bass - Drum verhält sich so, wie man es erwarten würde. Die Differenzen zwischen komprimiertem und unkomprimiertem Signal sind äusserst minimal. In der Region unter 50 Hz bewegen sie sich im hörbaren Bereich von zirka 3 dB. Über 50 Hz bewegen sich die Veränderungen im unhörbaren Abschnitt zwischen 0 und 3 dB.

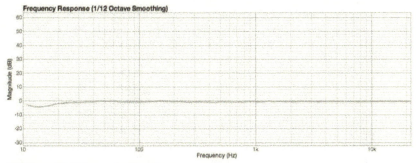

*Abbildung 48: Differenz der Bass Drum*

Im Zeitverlauf ist ersichtlich, dass das Signal beim Durchlaufen des Kompressors einwenig Energie einbüsst, jedoch nur in der Attack-, Decay– und Sustainphase der Schwingung.
Grün: Original – Signal
Gelb: Signal mit Insert – Kompressor

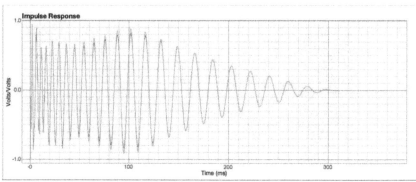

*Abbildung 49: Bass - Drum im Zeitverlauf*

## 7.10 Sonnox Oxford Dynamics

Messungen und Analyse:

Sonnox Oxford Dynamics ist *das* Multi – Tool von Sonnox. Es bearbeitet den Sinus - Sweep kaum. Im Bereich bis zirka 70 Hz beträgt die Differenz der beiden Signale keine 0.1dB. Ab 70 Hz bis etwa 7.5 kHz sind keine Veränderungen feststellbar. Von 7.5 kHz bis 9 kHz entstehen wiederum Abweichungen im 0.1 dB Bereich. Von 9 kHz bis 20 kHz sind keine Veränderungen festzustellen.

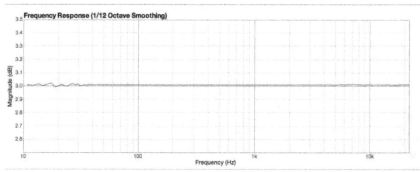

*Abbildung 50: Differenz der Sinus - Sweep*

Im zeitlichen Ablauf des Signals ist ersichtlich, dass das Signal an Energie verloren hat, es wird komprimiert, was nicht geschehen sollte, weil bei den Messungen keine Gain – Reduktion ersichtlich war. Plug - Ins verursachen eigentlich eine Latenz,in diesem Fall aber geschieht das Gegenteil. Das komprimierte Signal beginnt früher als das Originalsignal.

32

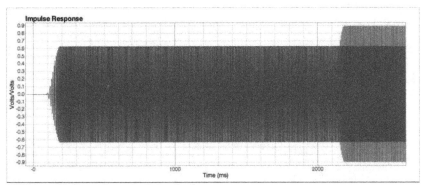

*Abbildung 51: Sinus - Sweep im Zeitverlauf*

Beim zweiten Testsignal, der Bass – Drum, ist ein ähnliches Verhalten des Kompressors zu beobachten. Hier sind die Differenzen ebenfalls sehr gering. Die einzigen Änderungen geschehen zwischen 10 und 20 Hz, dann sind bis 11 kHz keine Veränderungen mehr zu erkennen. Ab 11 kHz finden wieder Veränderungen statt. Diese sind allerdings sicherlich nicht hörbar.

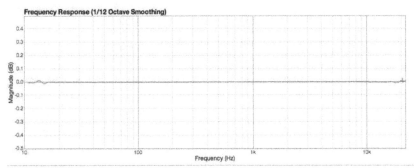

*Abbildung 52: Differenz der Bass - Drum*
Im Zeitverlauf der Bass Drum geschieht nichts, weder Amplituden - Veränderungen noch zeitliche Verschiebungen.

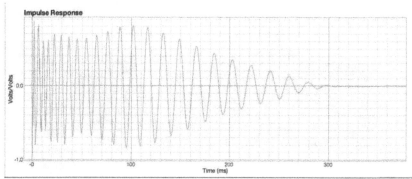

*Abbildung 53: Bass - Drum im Zeitverlauf*

Begründung:

Das Dynamik – Plug - In von Sonnox ist universell einsetzbar. Dieser Kompressor macht genau, was man von einem professionellen Gerät erwartet, nämlich (fast) nichts.

# 8. Kapitel Zusammenfassung der Ergebnisse

## 8.1 Standard – Kompressoren

Die verschiedenen Software - Standard – Kompressoren arbeiten sehr unterschiedlich. Die einen machen ihre Aufgabe sehr gut, die anderen sehr schlecht.
Aufgrund meiner Messungen und Analysen erlaube ich mir, eine Bewertung der untersuchten Kompressoren vorzunehmen:

Platz 1 belegt der Cubase Standard – Kompressor er schneidet von allen Standards am Besten ab. Er bearbeitet die durchlaufenden Signale nicht. Er erfüllt die Vorgaben. Die zeitliche Veränderung der Testsignale ist durch die Latenz des Plug - Ins zu erklären.

Platz 2 geht an den Kompressor von Pro Tools. Dieser bearbeitete die Testsignale nur sehr gering, in einem nicht hörbaren Rahmen. Da er jedoch Obertöne hinzufügt, ist dieser Kompressor mit genügender Vorsicht einzusetzen. Die Obertonsignatur kann ein lautes Signal verändern. Die Plug -In – Latenz wird von der Delay – Kompensation in der Software selbst aufgehoben.

Auf dem dritten Platz befindet sich der Brooklyn - Kompressor, der als Standard von Ableton mitgeliefert wird. Er ist schwierig in der Handhabung mit seinen abnormen Einstellungsmöglichkeiten. Zum Beispiel liegt beim Thresh – Hold das Maximum bei -10 dB, die Ratio kann nicht weniger als 2:1 eingestellt werden. Er verändert den Sinus Sweep bis zu 70 dB und verändert das Testsignal im zeitlichen Ablauf. Ebenso wird die maximale Amplitude während des Verlaufs verändert. Die Bass - Drum wird im Frequenzbereich hingegen kaum verändert. Im Zeitverlauf finden nur geringe, nicht hörbare Änderungen im Signal statt.

Den vierten und somit letzten Platz belegt der Standard – Kompressor von Logic Pro 9. Er bearbeitet beide Signale, den Sinus - Sweep mit bis zu 50 dB, die Bass - Drum mit 2 bis 20 dB. Diese Veränderungen in den Testsignalen sind mit Sicherheit im hörbaren Bereich. Das Klangbild der durchlaufenden Signale wird verändert. Aus diesen Gründen ist der Kompressor mit äusserster Vorsicht einzusetzen.

## 8.2 Professionelle Produkte

Professionelle Kompressoren sind meistens auf ein bestimmtes Einsatzgebiet, zum Beispiel Bass, Vocals und Percussion, ausgerichtet. Die überprüften „Classic Compressors" sind Emulationen von alten Hardware-Geräten. Diese wurden nicht auf einen solchen Test hin ausgelegt. Zudem bearbeiten sie die Testsignale.
Ich konzentriere mich auf die Produkte von Waves und Sonnox. Sie sind in meiner Beurteilung für den professionellen Gebrauch am besten geeignet.

Hybrid-Kompressor von Waves

Der Hybrid Kompressor von Waves wurde in die Untersuchung miteinbezogen, um den Vergleich unter den Kompressoren auszuweiten und präzisere und aussagekräftigere Angaben zu erhalten. Dieser ist nur als Plug - In-Version erhältlich und hat teilweise bewiesen, dass auch Waves imstande ist, einen Kompressor zu liefern, der wenigstens bei der Bass Drum den Anforderungen entspricht, das Signal nicht zu verändern.

Um das Verhalten des Hybrid Kompressors weiter zu überprüfen, wurde der Renaissance-Kompressor ebenfalls in die Untersuchung mit einbezogen. Dabei zeigte sich, dass die Resultate der Analyse des Renaissance-Kompressors von den Resultaten des Hybrid-Kompressors abweichen. Der Renaissance-Kompressor arbeitet durch die längere Release-Zeit etwas ungenauer als der Hybrid-Kompressor, obwohl die Firma Waves bei ihm von ihrem besten Kompressor spricht. Da auch dieser Kompressor zum Zweck von ... (einfügen) entwickelt wurde, könnte das Phänomen der grösseren Abweichung auch aus diesem Grund entstanden sein.

Trotz dieser kritischen Bemerkungen stufe ich den Hybrid Kompressor als den besten der Firma Waves ein.

Sonnox Dynamic Tool

Das Sonnox Dynamics Tool ist ein sehr zuverlässiges „All-In-One" Produkt. Es bearbeitet die durchlaufenden Testsignale nur in sehr geringem Masse. Die dabei entstehenden Veränderungen sind nicht im hörbaren Bereich. Dieser Kompressor kann ohne Bedenken jederzeit für verschiedenste Aufnahmen verwendet werden.

# 9.Kapitel Vergleich Standard – Kompressoren - professionelle Produkte

Standard – Produkte arbeiten mit wenigen Ausnahmen nicht so, wie man es von ihnen erwartet. Sie werden mit den dazugehörenden Softwares mitgeliefert und sind in ihrer Qualität sehr beschränkt, Einzig der Kompressor von Cubase kann mit den professionellen Produkten mithalten. Bei allen anderen Standards ist die Nutzung mit Vorsicht angebracht. Wie oben bereits erwähnt, sind professionelle Produkte meistens auf ein bestimmtes Einsatzgebiet ausgerichtet. Daher ist bei den professionellen Produkten vor dem Kauf darauf zu achten, welches Gebiet sie abdecken und für welchen Zweck die Kompressoren konzipiert wurden. All – In – One – Produkte können zuverlässige Ergebnisse liefern. Sie sind in allen Anwendungsbereichen zu testen und die Produkte sind dem entsprechend auszuwählen.

Diese Arbeit zeigt, dass viele Kompressoren nicht so arbeiten, wie sie eigentlich sollten. Die Annahme der IT – Fachleute war in vielen Fällen korrekt. Die Signale werden in ihrem Klangbild und in der Zeit verändert.

Erstaunlich ist für mich, dass unter der Vielzahl von angebotenen Kompressoren nur zwei Produkte die Bedingung erfüllen, dass sie im Klangbild keine Veränderungen verursachen.

# Abbildungsverzeichnis

# Quellenverzeichnis

www.waves.com/content.aspx?id=5250
02.08.2012
www.waves.com//content.aspx?id=8875
02.08.2012
www.waves.com/content.aspx?id=9111#ixzz22T7SbBeC
02.08.2012
www.waves.com/Content.aspx?id=9311#ixzz22Ow13493"
03.08.2012
www.waves.com/content.aspx?id=171#ixzz22VDzNklX
03.08.2012
www.sonnoxplugins.com/pub/plugins/products/dynamics.htm
02.08.2012